ESPIRITISMO FÁCIL

Luis Hu Rivas

9ª edição
Do 41º ao 43º milheiro
2.000 exemplares
Maio/2023

© 2014 - 2023 by Boa Nova Editora

Capa
Luis Hu Rivas

Diagramação
Luis Hu Rivas
Juliana Mollinari

Revisão
Mariana Lachi

Coordenação Editorial
Ronaldo A. Sperdutti

Impressão
Plenaprint gráfica

O produto da venda desta obra é destinado
à manutenção das atividades assistenciais da
Sociedade Espírita Boa Nova, de Catanduva, SP.

1ª edição: Janeiro de 2014 - 5.000 exemplares

Dados Internacionais de Catalogação na Publicação (CIP)
(Câmara Brasileira do Livro, SP, Brasil)

Hu Rivas, Luis
    Espiritismo fácil / Luis Hu Rivas. --
Catanduva, SP : Boa Nova Editora, 2013.

ISBN 978-85-8353-002-2

    1. Doutrina espírita 2. Espiritismo
3. Espiritismo - Filosofia 4. Espíritos I. Título.

13-12866   CDD-133.901

Índices para catálogo sistemático:

1. Doutrina espírita   133.901
2. Espiritismo : Princípios básicos   133.901

Sumário

Princípios Espíritas

A Doutrina Espírita se expressa em três aspectos: ciência, filosofia e religião. Os princípios fundamentais repousam na restauração do Evangelho de Jesus, a fim de renovar o homem e o futuro espiritual dele.

Precedentes
Os fenômenos de Hydesville
As mesas girantes
O trabalho de Allan Kardec

O ESPIRITISMO

Ciência que observa e estuda os Espíritos. Das suas comunicações e dos seus ensinos, surge uma filosofia que gera consequências de transformação moral, religiosa e espiritual nos homens.

Religião

Ciência Filosofia

IMORTALIDADE DA ALMA
A existência dos Espíritos não tem fim.

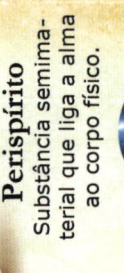

Perispírito
Substância semima-terial que liga a alma ao corpo físico.

Espírito
Ser inteligente da criação divina.

Influência
Espiritual

DEUS
Inteligência suprema, causa pri-meira de todas as coisas.

Elementos do Universo
O Espírito e a matéria. E, acima de tudo, Deus.

Leis Morais
Dez leis derivadas da Lei natural, que é a Lei de Deus.

Ação dos Espíritos na Natureza

Os Espíritos são instrumentos de Deus e influenciam a Natureza.

MUNDOS HABITADOS

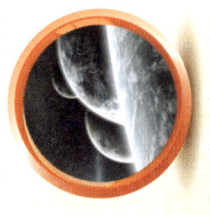

Todos os planetas do Universo estão habitados.

Mundo Espiritual

No instante da morte, a alma volta ao mundo dos Espíritos.

Causa e Efeito

Lei divina que rege todas as ações dos Espíritos.

REENCARNAÇÃO

O Espírito tem muitas existências sucessivas até sua purificação.

Justiça Divina

Base: O EVANGELHO DE JESUS

Jesus é o guia e o modelo mais perfeito para o homem.

Os Espíritos nos inspiram mais do que imaginamos, geralmente nos dirigem.

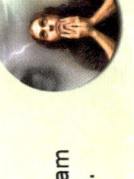

MEDIUNIDADE

Toda pessoa que sente a influência dos Espíritos é médium.

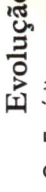

Livre-arbítrio

O homem tem a liberdade de pensar e de agir.

Evolução

Os Espíritos se melhoram para níveis elevados.

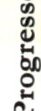

Progresso

As três revelações

Existem no Ocidente (Europa e as Américas) três grandes revelações espirituais. A primeira é a de Moisés, com os 10 mandamentos; a segunda é a do Cristo, com o Evangelho; e a terceira é a do Espiritismo, revelando o mundo dos Espíritos, a vida depois da morte e a imortalidade da alma.

1a. Revelação - Moisés.

Moisés recebeu a primeira revelação espiritual nos 10 mandamentos. Isso aconteceu 1250 anos antes de Cristo.

Dez mandamentos

I. Não adorareis outros Deuses.
II. Não pronunciareis em vão o nome do Senhor.
III. Santificar o dia do sábado.
IV. Honrai a vosso pai e a vossa mãe.
V. Não matareis.
VI. Não cometereis adultério.
VII. Não roubareis.
VIII. Não prestareis falso testemunho.
IX. Não desejareis a mulher do vosso próximo.
X. Não cobiçareis qualquer das coisas do vosso próximo.

2a. Revelação - Jesus.

O Espiritismo marcará uma nova era?

Sem dúvida. Quando a Humanidade conhecer o Espiritismo, entenderá que a vida continua, que não adianta ser tão apegado as coisas materiais, e que vale a pena fazer sempre o bem.

Algum dia a Ciência e a Religião se unirão?

Sim. Quando ambas conhecerem os ensinos do Espiritismo vão descobrir que a alma existe, que há um mundo invisível real e há leis divinas agindo. Ambos mudarão seus pensamentos radicais, a ciência será espiritualizada e a religião utilizará a razão.

O Espiritismo é o Consolador Prometido?

É o consolador que Jesus prometeu há dois mil anos. O Espiritismo veio para explicar-nos porque existimos, porque estamos neste mundo, e qual será nosso futuro. Na época de Jesus, os homens ainda não tinham como compreender estes conhecimentos.

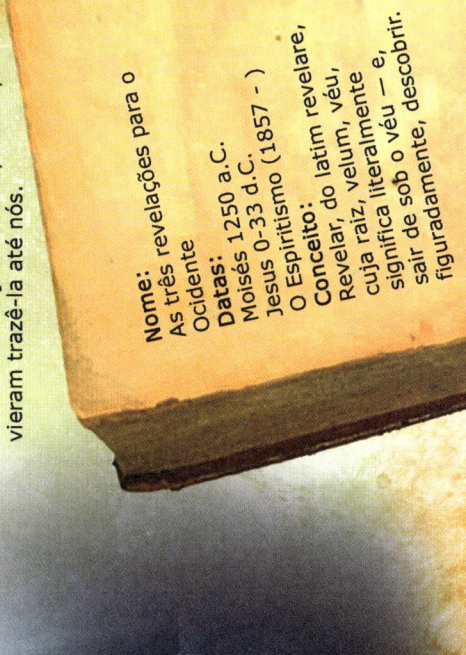

A primeira revelação foi com Moisés, a segunda foi com Jesus, e a terceira não é com uma pessoa (Allan Kardec), é com um conjunto de Espíritos que vieram trazê-la até nós.

Nome:
As três revelações para o Ocidente
Datas: 1250 a.C.
Moisés 0-33 d.C.
Jesus 0-33 d.C.
O Espiritismo (1857 -)
Conceito: do latim revelare,
Revelar, do latim revelare,
Revelar, velum, véu,
cuja raiz literalmente
significa sair de sob o véu — e,
sair de sob o véu — e,
figuradamente, descobrir.

Jesus nos revela a lei de amor incondicional quando nos diz: "Amar a Deus acima de todas as coisas e ao próximo como a si mesmo", e nos fala da importância de praticar o bem, nas bem-aventuranças.

As Bem-aventuranças

1. Bem-aventurados os pobres de espírito.
2. Bem-aventurados os que choram.
3. Bem-aventurados os mansos.
4. Bem-aventurados os que têm fome e sede de justiça.
5. Bem-aventurados os misericordiosos.
6. Bem-aventurados os limpos de coração.
7. Bem-aventurados os pacificadores.
8. Bem-aventurados os que são perseguidos por causa da justiça.
9. Bem-aventurados sois vós, quando vos injuriarem e perseguirem e, mentindo, disserem todo mal contra vós por minha causa.

3a. Revelação - O Espiritismo.

Vem a revelar que todos somos Espíritos imortais, que a morte não existe. E que tudo o que Jesus e Moisés afirmaram é real, os que praticam o bem e o amor serão recompensados no mundo espiritual.

Princípios Espíritas

1. Existência de Deus.
2. Imortalidade da Alma.
3. Reencarnação.
4. Mundos habitados.
5. Mediunidade.
6. Lei de Causa e efeito.
7. Livre-arbítrio.
8. Influência espiritual.
9. Evolução.
10. A base: O Evangelho de Jesus.

Os fenômenos de Hydesville

Numa pequena aldeia nos Estados Unidos, chamada Hydesville, aconteceu uma série de fenômenos paranormais que chamou muita atenção. Em 1848, na casa onde vivia a família Fox, numa determinada noite ouviram-se barulhos nas paredes e pancadas por todo lado. Com medo, as meninas Fox não conseguiram dormir e foram ao quarto dos pais, mas os ruídos continuaram.

Assustada, uma das meninas teve a ideia de bater palmas para comunicar-se, com o código de uma batida para "sim" e duas batidas para "não" para as respostas. Descobriram que quem gerava os ruídos era um Espírito, dizendo ser um vendedor assassinado na casa há alguns anos pelos antigos donos. As meninas ganharam fama com o acontecido e repetiram os fenômenos em diversos lugares da América.

Quem era o Espírito?

Era um mascate chamado Charles Rosma. Antes da casa ser vendida para a família Fox, Rosma foi assassinado pelo inquilino que morava no local. O cadáver foi escondido numa parede falsa.

Casa da família Fox, onde, exatamente no dia 31 de março de 1848, os ruídos surgiram mais fortes.

Imagem das irmãs Fox de 1850, da esquerda para a direita Margaret, Katherine e Leah Fox.

Nome:
Os fenômenos de Hydesville.
Data:
31 de março de 1848
Categoria:
Fenômenos de efeitos físicos.
Descrição:
Pancadas ou ruídos (rappings ou noises)
Relevância:
Esse fato constitui o ponto de partida do Espiritismo.

Imagem que representa os Espíritos que chegaram na residência da família Fox.

A ilustração mostra o quarto dos pais no momento das pancadas, quando Kathe recebeu respostas para seus sinais.

Como falavam com os Espíritos?

Inicialmente se falaria por batidas: uma equivaleria a "sim" e duas, a "não".

Depois foi criado um alfabeto, em que, cada letra citada corresponderia a uma pancada determinada.

Uma para A, duas para B, três para C, e assim por diante.

Os fenômenos de Hydesville

Devido à importância desses fenômenos e à curiosidade das pessoas, a família Fox teve que se mudar para Nova Yorque, a fim de dar continuidade às sessões públicas.

As Mesas Girantes

O fenômeno chamado "Mesas Girantes" era composto por mesas que tinham uma base com três pés; as pessoas colocavam suas mãos na superfície delas ou ficavam em torno da mesa e aguardavam os movimentos ou giros.

Na época, o fenômeno foi visto como uma forma de entretenimento durante as reuniões das sociedades na Europa, principalmente na França.

Estamos falando do período de 1850 a 1855, quando esses fenômenos chamaram a atenção de um pedagogo francês que mais tarde seria conhecido como Allan Kardec. Ele pesquisaria sobre os movimentos produzidos pelas mesas e descobriria que eles eram provocados pelos Espíritos.

Como eram as mesas?

Eram simples. Tinham uma base e três pés. O interessante era que as mesas não só se levantavam num pé para responder às perguntas, mas também se moviam em todos os sentidos, giravam nos dedos dos participantes e, às vezes, até se elevavam no ar.

Nome:
Mesas girantes
Data:
1850-1855
Lugar:
Europa
Categoria:
Fenômenos de efeitos físicos
Relevância:
As mesas girantes representam o ponto de partida do Espiritismo na Europa.

Participantes
Diversos membros da sociedade parisiense participavam das sessões.

Que eram as pranchetes?

Eram uma espécie de tábua, com algumas rodinhas embaixo e uma caneta introduzida na parte frontal. Os participantes colocavam as mãos sobre ela. Com isso obtinham movimentos que se desenhavam como palavras e frases. Assim se comunicavam inicialmente com os Espíritos.

Allan Kardec
Era um professor muito respeitado, com amplos conhecimentos em diversas ciências. Ele ficou surpreendido com o nível de respostas provenientes das "mesas girantes".

Médium
Os fenômenos aconteciam por causa dos médiuns. Inicialmente os espíritos usavam os movimentos das mesas para se comunicarem. Depois se valeram de uma prancheta com rodinhas na qual se colocava uma caneta no meio e, com a mão do médium, eram feitas as psicografias.

Allan Kardec conversou com "as mesas"?

Sim, em 1854. Allan Kardec foi convidado por um amigo, o senhor Fortier, a assistir o movimento das mesas que acontecia na casa dele.

Allan Kardec, como pesquisador, participou das reuniões das "mesas falantes".

Então observou e constatou que realmente elas se movimentavam.

Depois de várias reuniões, Allan Kardec perguntou: "Como pode uma mesa pensar sem ter cérebro e sentir sem ter nervos?"

E a mesa contestou: "Não é a mesa que responde, mas as almas dos homens que já tinham vivido na Terra e que se utilizam da mesa para se comunicarem".

A partir dos fenômenos das "mesas girantes", Allan Kardec inicia sua séria pesquisa em relação às comunicações com os Espíritos.

Allan Kardec

(1804-1869)

Allan Kardec foi um educador, escritor e tradutor francês. Viveu entre os anos de 1804 e 1869, na época de Napoleão Bonaparte. Ele era muito conhecido e respeitado, pois tinha sido aluno e discípulo de Johann Heinrich Pestalozzi, um dos maiores professores da Europa. Em Paris teve contato com diversos médiuns e pesquisou as comunicações com os Espíritos. Ele percebeu que existia um mundo espiritual composto por seres inteligentes, invisíveis aos nossos olhos. Esses seres eram os Espíritos. Eles falavam que existia vida após a morte, que o importante é fazer o bem, praticar a caridade e que vamos viver muitas vezes até chegar a sermos seres de luz. Allan Kardec reuniu esse conjunto de ideias e as codificou em diversos livros. Ele criou a palavra Espiritismo e por isso ficou conhecido como o 'codificador do Espiritismo'.

Qual foi a missão de Allan Kardec?

Criar o Espiritismo, uma doutrina que vem demonstrar que somos seres imortais, e que estamos evoluindo como Espíritos há milhares de anos até chegarmos à condição de Espíritos puros com o nosso próprio esforço. Com isto o Espiritismo responde as questões básicas da humanidade: Quem somos? De onde viemos? Para onde vamos?

Dados pessoais:
Nome:
Hippolyte-Léon Denizard Rivail - Allan Kardec
Nascimento:
03 de outubro de 1804, na cidade de Lyon, na França.
Ocupação:
Professor, escritor e tradutor.
Desencarnação:
31 de março de 1869, com 64 anos.
Destaque:
"Codificador do Espiritismo".

Aos 11 anos, Kardec foi estudar na Suíça, no Instituto de Educação de Yverdum, que era a melhor escola da época. Foi aluno do célebre professor Johann Heinrich Pestalozzi, de quem se tornou discípulo e colaborador.

Pestalozzi ensinava aos seus alunos que o mais importante na escola não era apenas a instrução, mas sim, ter uma educação moral formada por valores espirituais. Isso tornaria os homens seres de bem.

Como surge o nome Allan Kardec?

O professor Hippolyte Léon Denizard Rivail já era conhecido por publicações sobre aritmética, geometria e traduções. Por sugestão dos Espíritos, ele usa o pseudônimo de Allan Kardec para diferenciar a obra espírita dos livros anteriormente publicados.

Allan Kardec é o nome que ele mesmo tivera numa vida passada, na França, quando fora um sacerdote druida. Os druidas eram uma espécie de monges sábios "celtas" que viveram há milhares de anos na Europa.

Imagem da Livraria Dentu, em Paris. Local do lançamento de "O Livro dos Espíritos" (1857), que é a principal obra escrita por Allan Kardec, contendo 1019 perguntas aos Espíritos Superiores.

Qual foi a obra de Allan Kardec?

Allan Kardec escreveu diversos livros. Os cinco principais são: "O Livro dos Espíritos", obra em que ele faz 1019 perguntas aos Espíritos. Depois escreveria "O Livro dos Médiuns", "O Evangelho Segundo o Espiritismo", "O Céu e o Inferno" e "A Gênese".

Por volta de 1832, casou-se com a professora Amélie Gabrielle Boudet e fundou com ela, em Paris, um local de ensino semelhante ao de Yverdum.

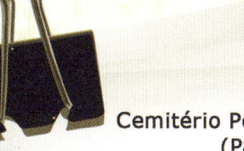

Cemitério Père-Lachaise (Paris, França)

O dólmen (túmulo) de Allan Kardec tem arquitetura do estilo celta. Encontra-se no cemitério mais importante de Paris, o Père-Lachaise.

Deus

Os Espíritos informam-nos que toda harmonia existente no Universo, desde os átomos até as galáxias, tem uma origem, uma causa inicial que a gerou. Todas as coisas, formas de vida e planetas obedecem à leis perfeitas e, por isso mesmo, revelam certo Poder inteligente superior. Este Poder inteligente seria Deus. Em síntese, os seres espirituais afirmam que Deus é a Inteligência suprema, causa primeira de todas as coisas. Sendo assim, para medirmos a inteligência de Deus, é só nos lembrarmos do provérbio: "Pela obra se reconhece o autor". Para ver a obra, é só observarmos o Cosmo, o microuniverso, desde as moléculas que estão em nossas mãos até o planeta que habitamos. Assim descobriremos o nível de inteligência do autor.

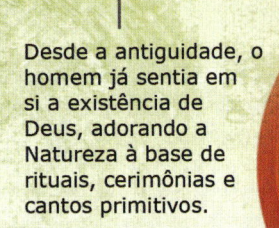

Desde a antiguidade, o homem já sentia em si a existência de Deus, adorando a Natureza à base de rituais, cerimônias e cantos primitivos.

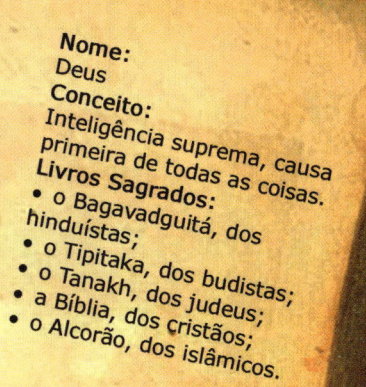

Nome:
Deus
Conceito:
Inteligência suprema, causa primeira de todas as coisas.
Livros Sagrados:
• o Bagavadguitá, dos hinduístas;
• o Tipitaka, dos budistas;
• o Tanakh, dos judeus;
• a Bíblia, dos cristãos;
• o Alcorão, dos islâmicos.

Os seres humanos ainda não têm condições de compreender a natureza íntima de Deus. Antigamente, a ideia de Deus era muito simples. Os homens atribuíam a Deus suas próprias imperfeições. Assim, Deus tinha raiva, ciúme, cólera, gostava de um povo, detestava outro, era violento, etc. Conforme foi evoluindo, o homem adquiriu novos valores, de acordo com sua razão e, assim, tendo uma melhor compreensão de Deus.

Onde podemos encontrar a prova da existência de Deus?

Numa frase que se usa nas ciências: "Não há efeito sem causa". Se procurarmos a causa de tudo no que não é obra do homem, nossa própria razão responderá.

Como deve ser Deus?

O homem tem muitas limitações e não consegue formar uma ideia perfeita de Deus. Mas, pode sim, ter ideia de alguns atributos de Deus, que são sempre em grau supremo. Se falta algum atributo ou se não fosse infinito, já não seria superior a tudo e, então, não seria Deus.

Atributos de Deus

- Eterno
- Imutável
- Imaterial
- Único
- Onipotente
- Soberanamente justo e bom

Em todos os tempos, a ideia de Deus foi diferente em todas as sociedades e grupos já existentes. Isso é assim desde os homens primitivos, quando as crenças eram provenientes das tribos da antiguidade, até as modernas religiões da civilização atual.

Deus realmente existe?

Para se crer em Deus, basta olhar as obras da Criação. O Universo existe com suas leis, logo, tem uma causa. Duvidar da existência de Deus é negar outra lei: "Que todo efeito tem uma causa". Seria como acreditar que o nada pode fazer alguma coisa.

Onde está escrita a Lei de Deus? Ela estaria escrita em algum livro sagrado, em algum pergaminho ou túmulo?

Não. Os Espíritos responderam que ela estava escrita na consciência. Sendo assim, todos os homens têm dentro de si a Lei de Deus.

Escala Espírita

Existem milhares de tipos de Espíritos, mas para ter uma melhor visão sobre os níveis deles (seu grau de pureza e evolução espiritual) foi montada a Escala Espírita. Os que estão mais iluminados são chamados de Espíritos Puros, os que estão a caminho de ser puros são os Espíritos Bons, e os mais atrasados são os Espíritos Imperfeitos.

O que é o livre-arbítrio?

É a capacidade que tem os Espíritos para decidir se fazem o bem ou o mal. Todos os Espíritos foram criados sem conhecimentos das leis de Deus; na medida em que evoluem ao longo de milhares de anos, vão adquirindo consciência de si mesmos e podem melhor optar por praticar o bem. Os que assim o fazem conseguem chegar a ser Espíritos puros, os que não, continuam sendo imperfeitos.

Porque Deus não nos criou já perfeitos?
Porque não haveria mérito nenhum para gozar dos benefícios de ser Espíritos puros. Existe o princípio do merecimento, segundo as obras de cada um. Nisso vemos a justiça e a sabedoria de Deus.

Nome:
Escala Espírita
Conceito:
Diferentes categorias dos Espíritos conforme o grau de perfeição alcançado.
Tipos:
1. Espíritos puros;
2. Espíritos bons;
3. Espíritos imperfeitos;
Observação:
Não existem anjos e nem demônios, existem espíritos que praticam o bem e os que estão ainda sem conhecimento da luz.

Deus criou aos Espíritos iguais, simples e ignorantes, quer dizer, sem sabedoria.
Mas deu as ferramentas para que possam chegar um dia a ser Espíritos puros.

Existem os demônios?

Não, se entendemos que são seres criados por Deus para fazer o mal. Existem Espíritos perversos que ainda não praticam o bem. A palavra demônio significa gênio e era usada na Grécia com o nome de *daimon*, para os seres espirituais bons ou maus. Assim todas as pessoas tinham ao seu lado *daemons* ou demônios.

Classificação Espírita

São superiores em tudo, em inteligência, sabedoria, e amor.

São Espíritos que praticam o bem, mas ainda não chegaram a ser puros.

Fazem o mal, são orgulhosos, egoístas, perversos e agressivos.

Espíritos Puros
1° Espíritos puros - Ministros de Deus

Espíritos Bons
2° Espíritos superiores Ciência + sabedoria + bondade
3° Espíritos de sabedoria Conhecimento + bom juízo
4° Espíritos sábios Conhecimento científico
5° Espíritos benévolos Bondade + conhecimento limitado

Espíritos Imperfeitos
6° Espíritos batedores Atitude para efeitos materiais
7° Espíritos neutros Nem bons nem maus
8° Espíritos pseudo-sábios Conhecimento + orgulho
9° Espíritos levianos Ignorância + malícia
10° Espíritos impuros Inclinação ao mal

Existem os anjos?

Não existem, se pensamos que são seres que Deus criou bons. Existem Espíritos que durante milhares de anos, se esforçaram para ser homens de bem, trabalhando para ser mais amorosos e sábios. Quando os Espíritos chegam a esse nível de bondade e sabedoria, podemos muito bem chamá-los de "anjos". Na verdade todos nós algum dia seremos "anjos", e isso depende da nossa dedicação e do nosso livre-arbítrio.

A melhora dos Espíritos

Os Espíritos podem ser comparados com as crianças. As rebeldes e agressivas repetem o mesmo período escolar, tendo que passar por todas as provas novamente. As mais dóceis e esforçadas, passam de ano e se fazem merecedoras de novos desafios.

Perispírito

O ser humano é composto por três corpos. O Espírito, o corpo físico e um corpo intermediário. Essa vestimenta intermediária é chamada de perispírito. É um envoltório "semi-material" que serve de "molde" ao corpo físico, como se fosse o corpo dos Espíritos. Os Espíritos, com seus perispíritos, podem fazer muitas coisas como, por exemplo, tomar a aparência que quiserem. Emmanuel, o guia do médium Chico Xavier, toma a aparência de uma encarnação muito anterior quando viveu em Roma, há dois mil anos.

1ª Espírito.

É onde reside a inteligência e a consciência do ser.

Allan Kardec afirma que o perispírito está constituído do fluido universal de cada planeta.
Os Espíritos mais elevados têm o perispírito mais sutil. Nos Espíritos puros, o perispírito é tão etéreo que parece não existir.
Já nos Espíritos imperfeitos, o perispírito é muito denso e pesado.

O que pode fazer o perispírito?

Os Espíritos podem emitir luminosidade pelo próprio pensamento. É dessa forma que eles, quando mais elevados, irradiam luz. Conseguem ainda absorver algumas energias físicas, tendo a sensação de estarem temporariamente encarnados. Espíritos viciados em álcool e drogas, por exemplo, absorvem fluidos de pessoas encarnadas.

Nome:
Perispírito

Conceito:
Envoltório 'semi-material' do Espírito.

Função principal:
Possibilita a união do Espírito com o corpo físico.

2ª Perispírito.

Corpo feito de uma substância "semi-material". Envolve o Espírito e une a alma ao corpo físico.

Os centros de força ou "chakras"

São os centros de energia do perispírito. Eles se encontram nas regiões correspondentes aos plexos do corpo. Os sete "chakras" são: coronário, frontal, laríngeo, cardíaco, solar, esplênico e genésico ou "kundalineo".

3ª Corpo Físico.

É o corpo material. Tem vida graças ao princípio vital, igual ao dos animais e das plantas.

Influência Espiritual

Os Espíritos estão ao nosso lado e podem ver tudo o que fazemos. Eles mesmos dizem que influenciam nossos pensamentos, nossos atos, e que o fazem constantemente, a toda hora. Também conseguem ler nossos pensamentos e muitas vezes nos sugerem ideias. Geralmente, o primeiro pensamento que chega à cabeça é o nosso, o segundo, é o dos Espíritos. Quando estamos tomando banho ou na parada de ônibus, por exemplo, e nos vem um pensamento, uma música ou uma piada na cabeça, podemos suspeitar de que essa ideia foi sugerida por algum Espírito.

Como saber se um pensamento vem de um bom ou de um mau Espírito?

Os bons Espíritos só aconselham para o bem. Nós mesmos temos que discernir caso a caso.

Nome:
Influência espiritual

Observação:
Os Espíritos influem nos pensamentos e atos muito mais do que imaginamos. Influem a tal ponto que, constantemente, são eles que nos dirigem.

Os Espíritos imperfeitos se ligam ao homem para desviá-lo do bem. Incentivam-o a vícios e paixões sem limites. Mas o homem sempre tem liberdade para escutar a voz e lhe seguir, ou para mudar de vida.

Quando morre o corpo físico, os Espíritos ficam livres e formam o mundo espiritual ou mundo dos Espíritos.

Para que os Espíritos imperfeitos nos levam ao mal?

Para que soframos como eles sofrem. Os Espíritos nos dizem que isso não lhes diminui os sofrimentos, mas o fazem por inveja, por não poderem suportar que existam seres felizes.

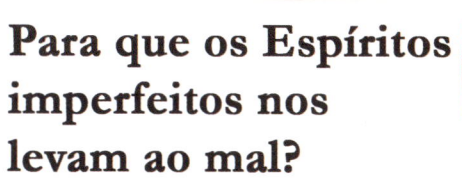

Não existem anjos e nem demônios.
Só existem Espíritos, que são seres com inteligência, que constituem a humanidade e povoam os diferentes planetas.

Quando dizemos que a culpa das nossas desgraças é a má sorte, trata-se, na verdade, de nós mesmos, por não termos escutado as advertências dos bons Espíritos.

Os Sonhos

Os sonhos são lembranças que os homens tem do mundo espiritual quando saem dos seus corpos físicos enquanto dormem.

No momento do sono, os Espíritos com seus perispíritos afastam-se parcialmente do corpo, que descansa. Entram em contato com outros Espíritos e têm vivências no mundo espiritual.

Mundo Espiritual
No momento do sono o Espírito visita o mundo dos Espíritos, que é exatamente aquele mundo em que o Espírito estará depois da morte.

Podemos visitar alguém quando dormimos?

Sim. Quando saímos do corpo podemos visitar aqueles com quem desejamos encontrar. Podemos também nos encontrar com seres queridos que já desencarnaram.

Espírito e Perispírito
O Espírito com seu perispírito ficam fora do corpo físico enquanto este descansa.

Fluidos do perispírito.
Diversos fluidos mantêm o perispírito unido ao corpo durante o sono. Esses laços somente se desfazem quando desencarnamos.

O Corpo Físico
Descansa enquanto o espírito fica fora.

Os sonhos têm significados?

Os guias espirituais apresentam nos sonhos, formas de objetos ou imagens nítidas chamadas de ideoplastias, para nos passarem alguma mensagem específica. Nesse sentido tem um significado pessoal quando as imagens ou formas que aparecem são dirigidas a cada indivíduo.

Os sonhos com ideoplastia ou sonhos no mundo espiritual são mais nítidos, tem cores mais vivas, emoções mais fortes e trazem recordações precisas como números, vozes e imagens, diferente dos sonhos psicológicos que são mais simples, repetitivos e menos intensos.

Podemos ver o futuro nos sonhos?

Sim. Durante os sonhos, os Espíritos estão livres do corpo físico e podem ir a lugares distantes no além. Podem ter visão do passado, de outras vidas, assim como podem ver alguns acontecimentos que ainda vão ocorrer.

Não recordamos os sonhos

O sonho é a lembrança do que o Espírito viu durante o sono, mas nem sempre nos lembramos dele. Isso acontece porque nossas faculdades espirituais ainda não estão bem desenvolvidas e porque o corpo físico bloqueia as recordações que traz o espírito em liberdade.

Não devemos ter medo da morte, pois que todos os dias, de certa forma, morremos.

Muitas vezes fica a lembrança que o Espírito tem das vivências no mundo espiritual durante o sono. Mas, às vezes, essas lembranças se misturam com os sonhos psicológicos, ou seja, aqueles que são causados pelas nossas preocupações do dia a dia.

Nome:
O sonho

Conceito:
O sonho é a lembrança do que o Espírito viu durante o sono.

Mediunidade

É uma faculdade que permite a comunicação dos homens com os Espíritos. Essa faculdade acontece em milhares de pessoas, independentemente da religião, da classe social, do grau de instrução ou da moral. A mediunidade divide-se em dois grandes grupos: os que produzem efeitos físicos, e os que produzem efeitos intelectuais.

Mediunidade de Efeitos Físicos

São os médiuns utilizados pelos Espíritos para provocar movimentos físicos diversos, como transportar objetos, manipular perfumes, fazer barulhos, levantar mesas, inclusive fazer que Espíritos se tornem visíveis. Podem até realizar curas e cirurgias. Esses médiuns são muito raros hoje em dia.

Médiuns curadores: os que têm o poder de curar ou de aliviar o doente.

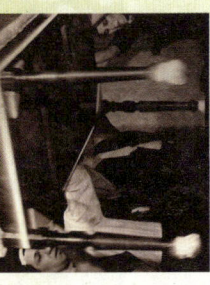

Levitação de mesa numa reunião mediúnica.

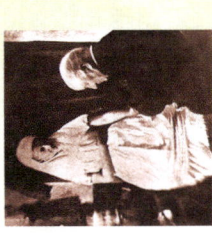

Materialização do Espírito Katie King ao lado do pesquisador William Crookes.

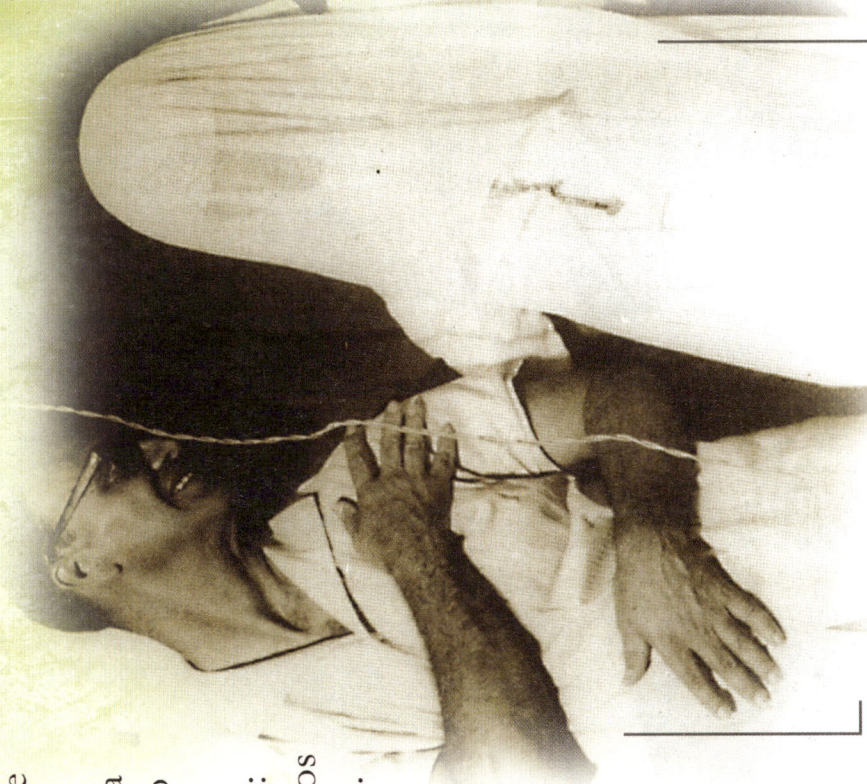

O médium Chico Xavier durante uma materialização de Espíritos na cidade de Uberaba, em 1965.

Espírito materializado por ectoplasma que saía da boca do médium Antônio Alves Feitosa e formava a aparição de irmã Josefa.

Mediunidade com Jesus
Assim é chamada a mediunidade quando é praticada de forma correta, seguindo as orientações do Evangelho, com equilíbrio, estudo espírita, colocada à serviço do bem.

... são as que fazem comunicações inteligentes dos Espíritos. Podem ser falantes, escreventes ou psicógrafos, ouvintes, pintores, etc. Com essa mediunidade é possível aprender mais sobre o mundo espiritual.

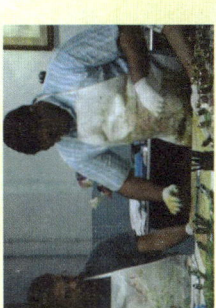

Pelos médiuns falantes ou de psicofonia, os Espíritos podem se comunicar usando a palavra.

Os médiuns pintores realizam pinturas em telas dos mais célebres artistas com velocidade surpreendente e com o estilo do pintor.

Os escreventes ou psicógrafos têm a faculdade de escrever por si mesmos sob a influência dos Espíritos.

Mediunidade de Efeitos Intelectuais

Os médiuns escreventes ou psicógrafos são os mais comuns.
A psicografia é a mediunidade mais simples, a mais cômoda, a que dá resultados mais satisfatórios e completos.

Mediunidade Intuitiva

Existe uma voz íntima que fala ao coração. Essa voz é a dos bons Espíritos. Se fizermos um esforço para ouvir essa voz interior, que incessantemente nos fala, chegaremos, progressivamente, a ouvir o nosso anjo guardião que do alto nos protege.

O que é o Ectoplasma?

É uma substância que emana do corpo do médium de efeitos físicos. Através desta substância os Espíritos se materializam.

Os Espíritos utilizam o ectoplasma que extraem do médium, pelos orifícios do corpo, para poderem se apresentar. Por este meio eles se tornam visíveis e geralmente se apresentam com a aparência da última encarnação.

Nome:
Mediunidade

Tipos de mediunidade:
Médiuns de efeitos físicos e médiuns de efeitos intelectuais.

Outros nomes:
Dons, carismas, talentos, faculdades, etc.

Os Médiuns

Todas as pessoas, de alguma forma, são médiuns. Algumas sentem levemente influência dos Espíritos, mas outras conseguem vê-los, ouvi-los e até escrever o que eles ditam. Essas pessoas que servem de ponte entre os Espíritos e os homens, de forma mais ostensiva, são consideradas médiuns. Se os Espíritos podem comunicar-se, significa que isso sempre foi feito. Esta constatação pode ser comprovada ao longo da história. Sempre existiram pessoas que tem poderes de ver o mundo invisível e que recebem mensagens do Além: os médiuns. Em todas as culturas e religiões, eles foram chamados de diversos nomes: pitonisas, oráculos, profetas, sensitivos, etc.

Quando Jesus falou da mediunidade dizendo aos discípulos: "Restituí a saúde aos doentes, ressuscitai os mortos, curai os leprosos, expulsai os demônios. Dai gratuitamente o que gratuitamente recebestes", (São Mateus, 10:8.), ele dava a entender que a mediunidade deve ser gratuita, pois ninguém deve cobrar por aquilo que recebeu gratuitamente.

Por que Moisés proibiu a mediunidade?

Ele proibiu ao povo judeu de fazer as comunicações com os Espíritos, porque este povo estava dando um mau uso para a mediunidade. Nessa época, os judeus tinham sido libertados da escravidão no Egito, e por terem vivido muitos séculos no país, eles adquiriram vários hábitos, como o uso da mediunidade para proveito pessoal. O Espiritismo veio mostrar a finalidade espiritual dela: consolar e ensinar.

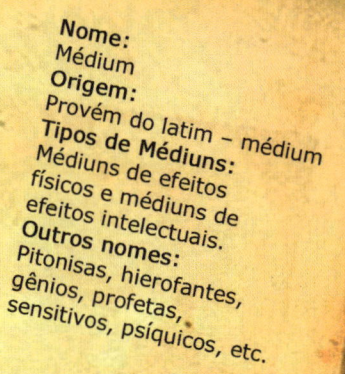

Nome:
Médium
Origem:
Provém do latim – médium
Tipos de Médiuns:
Médiuns de efeitos físicos e médiuns de efeitos intelectuais.
Outros nomes:
Pitonisas, hierofantes, gênios, profetas, sensitivos, psíquicos, etc.

O Espírito comunicante envia o pensamento ao médium.

Os médiuns captam a mensagem dos Espíritos pela glândula pineal, que está localizada no centro do cérebro, na altura dos olhos.

Um dos maiores problemas da mediunidade é a chamada "obsessão". Ela é a influência negativa de um Espírito mau sobre o médium.

Quem é o bom médium?
O bom médium não é aquele que se comunica facilmente, mas aquele que é agradável aos bons Espíritos. Está sempre sintonizado com eles e somente deles recebe mensagens.

O que é a glândula pineal?

O Espírito André Luiz, por meio da psicografia de Chico Xavier, no livro "Missionários da Luz", considera a pineal como a glândula da vida espiritual do homem. Esta glândula é uma espécie de antena para captar as mensagens dos Espíritos.

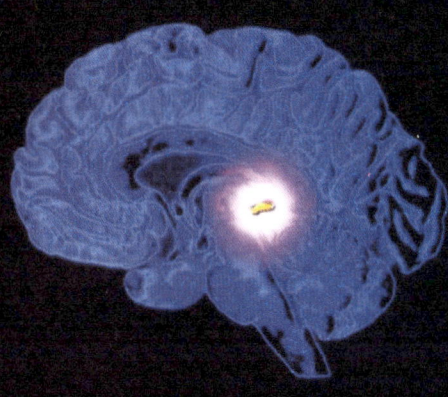

Ilustração da localização da glândula pineal.

O Livro dos Médiuns (1861):
É um livro escrito por Allan Kardec. Serve de manual para todos os médiuns conhecerem melhor suas faculdades mediúnicas e orienta como eles podem utilizá-las para consolar as pessoas.

27

Psicografia

É o tipo de mediunidade que permite aos Espíritos fazerem as comunicações pela forma escrita. Allan Kardec diz que todos os esforços devem tender para a mediunidade de psicografia, porque ela permite que se estabeleçam constantes e periódicas relações regulares com os Espíritos. A faculdade de escrever é também a mediunidade mais fácil de desenvolver-se pelo exercício.

Na época de Allan Kardec, diversos objetos foram utilizados para conseguir a comunicação com os Espíritos. No começo, foram usadas tábuas e cestas com uma caneta inserida no centro para se conseguir a psicografia.

Nome:
Psicografia

Classes:
Mecânicos, intuitivos e semi-mecânicos.

Conceito:
Escrita dos Espíritos pela mão de um médium.

Qual é a vantagem da psicografia?

Pela psicografia podemos identificar mais facilmente o nível de elevação dos Espíritos, reconhecer se são bons ou maus, sábios ou ignorantes. Pelos livros e pelas obras psicografadas, podemos conhecer melhor a forma de pensar e os ensinamentos morais deles, assim como detalhes de sua personalidade. As revelações precisas do mundo espiritual também são narradas na psicografia.

O médium brasileiro Francisco Cândido Xavier (1910 - 2002) psicografou mais de 400 livros. Ele é considerado o maior médium psicógrafo de todos os tempos.

Mensagem especular escrita pelo Espírito Léon Denis por meio do médium Divaldo Franco, em 2004, durante o 4º Congresso Espírita Mundial, em Paris, na França. Léon Denis foi discípulo de Allan Kardec.

Divaldo Pereira Franco (1927)
É médium de psicografia e psicofonia. Já publicou mais de 200 livros psicografados na temática espírita, sob a orientação dos Espíritos, incluindo uma série de estudos de psicologia, ditados pelo seu guia espiritual: Joanna de Ângelis.

Quantos tipos de médiuns psicógrafos existem?

Os psicógrafos se dividem em três classes:

a) Mecânicos
Esses médiuns não têm consciência do que escrevem. Os Espíritos atuam diretamente sobre a mão deles e impulsionam a escrita independentemente da vontade deles.

b) Semi-mecânicos
Esses psicógrafos têm consciência do que escrevem. Eles entendem a mensagem, conforme as palavras se formam e, ao mesmo tempo, sentem que sua mão é impulsionada por alguma força.

c) Intuitivos
Eles têm consciência do que escrevem. Precisam entender o pensamento do Espírito, compreendê-lo, apropriar-se dele, para traduzi-lo fielmente. É mais ou menos como faz um tradutor ou intérprete.

Psicografia especular

Psicografia especular é uma variante da psicografia. Nessa mediunidade específica, os textos só podem ser lidos com a ajuda de um espelho.

Chico Xavier

(1927-2002)

Francisco de Paula Cândido Xavier, mais conhecido como Chico Xavier, nasceu na cidade de Pedro Leopoldo, em 1910, e desencarnou em Uberaba, em 2002. Chico Xavier foi um dos mais importantes divulgadores do Espiritismo no Brasil e o médium espírita mais atuante de todos os tempos. Por meio de sua mediunidade, psicografou 412 livros e vendeu mais de 50 milhões de exemplares. Chico sempre cedeu os direitos autorais das obras psicografadas para instituições de caridade e organizações espíritas. Ele também psicografou cerca de dez mil cartas sem cobrar pelo trabalho. Desencarnou aos 92 anos, vítima de uma parada cardiorrespiratória.

Como Chico Xavier conseguiu ser o maior médium espírita?

O líder espírita recebeu grandes homenagens. Em 2000, foi eleito "O mineiro do século XX" em um concurso realizado pela televisão brasileira; em 2006 foi eleito "O maior brasileiro da história" em pesquisa feita pela Revista Época, e em 2012 foi eleito "O maior brasileiro de todos os tempos" pelo público num programa de TV.

Emmanuel
Ainda jovem encontrou com seu guia espiritual Emmanuel. O mentor informou sobre a sua missão de psicografar uma série de livros e explicou que para isso lhe seriam exigidas três condições: "disciplina, disciplina e disciplina".
Quando estava reencarnado na época de Cristo, Emmanuel teria sido o senador romano Publius Lentulus.

Nome:
Francisco de Paula Cândido Xavier, mais conhecido como Chico Xavier.
Nascimento: 2 de abril de 1910, Minas Gerais.
Desencarnação:
30 de junho de 2002, Uberaba, Minas Gerais.
Destaque:
Foi o médium espírita mais atuante de todos os tempos.

Emmanuel sempre foi exigente e instruía a Chico Xavier: "se algum dia eu falar alguma coisa que não esteja de acordo com os preceitos de Jesus e Kardec, fique com eles e esqueça o que eu disser".

Chico Xavier também foi o mais importante divulgador do Espiritismo no Brasil.

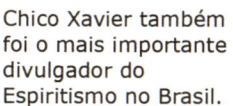

Em 1981 foi indicado ao prêmio Nobel da Paz. Cerca de 2 milhões de assinaturas de brasileiros pediram por sua candidatura.

Quantos livros psicografou Chico Xavier?

A obra mediúnica de Chico Xavier é bastante diversificada. Somente pela Federação Espírita Brasileira (FEB), a quantidade de livros editados ultrapassa 18 milhões de exemplares. O livro psicografado mais comercializado é "Nosso Lar". O best seller vendeu mais de 2 milhões de cópias.

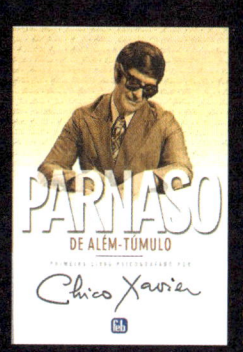

O primeiro livro psicografado por Chico e publicado foi "Parnaso de Além Túmulo". A obra, atribuída a 56 poetas desencarnados, entre brasileiros e portugueses, foi recebida nos anos de 1931 e 1932. À época, Chico tinha apenas 21 anos.

As entrevistas no programa Pinga-Fogo
Nos anos 70 Chico participou de programas de televisão que alcançaram picos de audiência. O principal deles foi o "Pinga-Fogo". A participação no programa fez com que ele ficasse conhecido no Brasil, conquistando admiração e fama.

Chico Xavier, o filme (2010)

A vida de Chico Xavier virou um filme brasileiro dirigido por Daniel Filho. Lançado em 2010, sua estreia foi sucesso em todo o Brasil.

Reencarnação

A reencarnação é o retorno do Espírito a um novo corpo físico. Assim, os Espíritos têm muitas existências sucessivas até sua purificação. Allan Kardec chamou de "pluralidade das existências" e definiu como a única explicação que corresponde à ideia que formamos da justiça de Deus para com os homens.

Desde tempos imemoriais, a reencarnação faz parte do conhecimento dos povos antigos, centros de iniciação e escolas religiosas. A crença na reencarnação tem suas origens nos primórdios da humanidade e o seu conhecimento é a chave para entender o Evangelho de Jesus.

Por que não nos lembramos das nossas vidas passadas?

A Lei divina não permite que nos lembremos de tudo. Existe um véu que nos oculta detalhes do passado para que possamos agir com maior liberdade. Se lembrássemos de todo o passado, nossas vidas, atualmente, seriam um tormento, por causa das lembranças de atos infelizes que possivelmente praticamos, como crimes e traições.

A reencarnação é um dos princípios do Espiritismo. É consequências de duas leis: A Lei da Justiça Divina e a Lei do Progresso.

Nome:
Reencarnação
Conceito:
Retorno do Espírito no plano físico.
Outros nomes:
Pluralidade das existências.
Palingêneses.
Metempsicoses.
Transmigração das almas.
Ressureição na carne.
Vidas pregressas.

Dr. Brian Weiss
Médico psiquiatra americano, é autor do livro "Muitas Vidas, Muitos Mestres". Na obra, ele relata suas experiências com Catherine, a quem aplicou a hipnose e fez retroceder à origem de seus problemas. Ela recordou uma vida de quando morou no Egito, 18 séculos a.C. Após fazer experiências com centenas de pacientes, Brian concluiu que todos nós reencarnamos.

Podemos recordar algo de outras vidas?

Geralmente sim. Não temos a lembrança exata do que fomos, mas temos a intuição, pois nossas tendências instintivas são uma lembrança do passado. Nossas fobias, traumas, aptidões artísticas, vocação profissional, medos, gostos, coragem, precauções, timidez, espontaneidade, podem ter origem em outras vidas.

Lembrar o passado poderia ser prejudicial, pois poderíamos recordar-nos de antigos adversários. Além disso, algozes e vítimas se despertariam dentro das nossas famílias e assim continuaríamos errando. Por isso o esquecimento nos serve como terapia do perdão.

Como provar a reencarnação?

A lembrança de vidas passadas pesquisada por renomados psiquiatras, é um dos métodos mais contundentes para provar a reencarnação. As experiências comprovam a veracidade do passado, o paciente identifica lugares, datas, parentescos, nomes e fatos antigos.

Dr. Ian Stevenson (1918-2007)
Psiquiatra e pesquisador sobre a reencarnação, ele reuniu mais de três mil casos, por toda parte do mundo, de crianças que conseguiam lembrar suas vidas passadas.

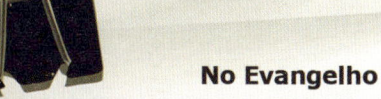

No Evangelho

Jesus ensinou a reencarnação no Evangelho como a "ressurreição na carne". Em João, cap. 3, v. 1 a 15 está escrito com detalhes, o diálogo com Nicodemos: «Em verdade, em verdade digo-te: Ninguém pode ver o reino de Deus se não nascer de novo».

A Terra

A Terra é um planeta que serve de morada para milhares de Espíritos encarnados e desencarnados. Nosso mundo é governado por uma equipe de Espíritos superiores, coordenada por Jesus.

De tempo em tempo, o planeta passa por etapas evolutivas. Os Espíritos que não acompanham essa evolução são retirados para um mundo em estágio inferior. É como um aluno que não consegue passar de ano na escola e precisa repetir o aprendizado.

Assim aconteceu com a Terra há milhares de anos. Quando existiam homens primitivos, nosso planeta recebeu Espíritos de outro mundo (Capela) e estes formaram as civilizações da época. Atualmente, a Terra encontra-se em um processo de transição. Está deixando de ser um mundo de "expiação e provas", onde o mal domina as pessoas, para ser um mundo de "regeneração", com uma humanidade mais pacífica.

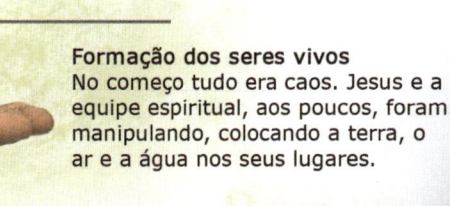

Formação dos seres vivos
No começo tudo era caos. Jesus e a equipe espiritual, aos poucos, foram manipulando, colocando a terra, o ar e a água nos seus lugares.

Nome:
Terra
Idade:
4,54 bilhões de anos
População aproximada:
7 bilhões (encarnados)
15 bilhões (desencarnados)
Estágio:
Em transição, de mundo de provas e expiações para regeneração.
Raças da Terra:
Amarela e negra
Raças de Capela:
Egípcios
A família indo-europeia
O povo de Israel
As castas da Índia

Os Espíritos Puros, coordenados por Jesus, fizeram descer uma espécie de nuvem em toda a Terra, que cobria o planeta. Era como uma massa gelatinosa da qual surgiriam os primeiros seres vivos.

Pluralidade dos mundos
Todos os mundos são povoados por seres vivos, encarnados ou desencarnados. Acreditar que só há vida em nosso planeta é desconhecer a Sabedoria divina, que não fez coisa alguma inútil. Todos os mundos têm um destino.

Os mundos transitórios
São mundos particularmente destinados aos Espíritos que estão sem reencarnar. Esses mundos podem servir de habitação temporária, uma espécie de campo de descanso. A Terra pertenceu a essa classe durante sua formação há milhares de anos, quando ainda só existiam vulcões e lavas na sua superfície.

O que é Capela?

É a estrela mais brilhante da constelação do Cocheiro. Ela está a 42 anos-luz da Terra. Milhões de Espíritos rebeldes foram expulsos do planeta Capela e acolhidos por Jesus em nosso orbe. Isso aconteceu há milhares de anos.

Quem são os exilados de Capela?

São Espíritos rebeldes, expulsos de Capela que reencarnaram na Terra. As raças negra e amarela são originárias do nosso planeta. Os exilados de Capela formam outras quatro raças: os árias, a civilização do Egito, o povo de Israel e as castas da Índia.

Egípcios
Foi o povo que mais se destacou na prática do bem. Alguns regressaram à Capela, mas grande número permaneceu nas hostes de Jesus na Terra.

Família indo-europeia
Eles não têm sentimento religioso, pois trazem de Capela uma revolta íntima. A maior virtude desse povo reside na confraternização com o selvagem da Europa e ele é a base da raça branca.

O povo de Israel
A raça mais forte, mais homogênea, monoteísta e orgulhosa foi a dos hebreus. Jesus a escolheu por ela ser a mais crente e necessitada.

As castas da Índia
Dos hindus descendem todos os povos arianos. O sânscrito é a língua reminiscente de Capela.

A Caminho da luz

Livro do Espírito Emmanuel, psicografado por Chico Xavier. Nele, Emmanuel descreve brevemente a história da Humanidade, como o planeta e as grandes civilizações do passado evoluíram. Menciona a reencarnação dos Espíritos exilados de Capela.

Aparição do homem
O homem surgiu em muitos lugares e em diferentes épocas. Na Terra, surgiram duas principais raças: a negra e a amarela; adaptadas ao clima, vida e costumes.

Prece

A prece é a forma que o homem tem para atrair a ajuda, a orientação e o consolo dos bons Espíritos. Estes vêm para lhe sustentar nas suas boas decisões e lhe inspirar bons pensamentos.

Os Espíritos sempre dizem: "A forma nada vale, o pensamento é tudo". Assim, cada um deve orar da maneira que mais o sensibilize, conforme o que acredita. Um bom pensamento vale muito mais do que fazer uma prece com palavras difíceis, sem sentimento.

Prece coletiva

A prece coletiva torna-se mais eficaz quando todos os que oram unem-se, de coração, com um mesmo pensamento e com o mesmo objetivo.

Podemos orar pelos outros?

Sim. Quando oramos por outras pessoas, fazemos isso por um desejo de realizar o bem.

Nome:
Prece
Origem:
Preces (Latin preces, plural of prex, "prayer")
Conceito:
Pensamento direcionado para atrair a ajuda dos bons Espíritos.
Tipos de preces espíritas:
I – Preces gerais
II – Preces para si mesmo
III – Preces pelos outros
IV – Preces pelos mortos
V – Preces pelos enfermos e obsediados

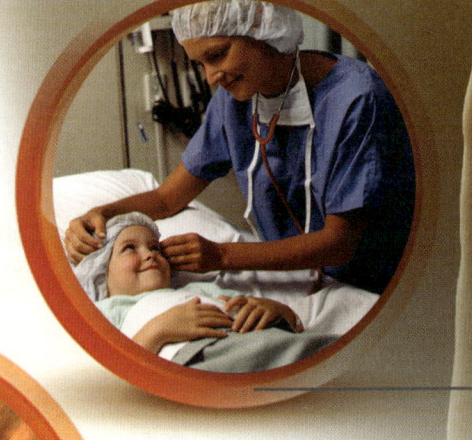

Jesus nos ensina que podemos fazer pedidos durante a prece. Mas seria ilógico pedir coisas materiais, pois a Providência sabe o que é melhor para o nosso bem.
O que devemos pedir é coragem, paciência e resignação.

Na prece, cada palavra deve ter um sentido e despertar uma ideia, ou seja, deve fazer refletir.

Como devem ser as preces?

Todas as preces são boas quando feitas com amor e sentimento. Devem ser claras, simples e concisas.

1. Clara

É muito importante que seja clara, fácil de entender. Quando não se entende o que é pronunciado, como nas preces feitas em outras línguas, por exemplo, não tem valor.

2. Simples

A prece deve ser simples, sem palavras complicadas ou frases criadas.

3. Concisa

Cada palavra deve nos fazer refletir sobre o que é pensado ou pronunciado.

Durante a prece podemos pedir aos bons Espíritos que nos inspirem com boas ideias para melhor resolvermos nossas dificuldades.

Existe prece poderosa?

Não. Os Espíritos afirmam que não existe fórmula mágica ou prece poderosa. O objetivo da prece é elevar nossa alma. Por isso, as diferentes formas como elas são realizadas não fazem diferença.

Os Espíritos ensinam algumas preces para ajudar os que sentem dificuldade para expressar suas ideias; há pessoas que se não leem ou repetem uma prece, acreditam que não oraram.

Jesus

Jesus é um dos Espíritos responsáveis pela criação do nosso planeta. Quando encarnou na Terra, ensinou-nos a lei máxima do amor incondicional: "Amar ao próximo, inclusive os inimigos".

A existência de Jesus foi um exemplo da prática do bem, do perdão das ofensas e da caridade para com todos, por isso sua vida serve-nos de modelo a ser seguido. Os seus ensinamentos de humildade e de amor ficaram registrados nos Evangelhos e servem de guia moral para nossa conduta. Jesus é reconhecido como modelo e guia para a humanidade. Sua vida é o caminho para se conhecer a Verdade.

Jesus é o governador do Planeta?

Sim. Ele coordena a equipe de Espíritos angélicos responsáveis pela harmonia e pela evolução da Terra. Ele faz parte da comunidade de Espíritos divinos, coordenadores da vida de todos os planetas.

Sócrates
Foi o maior de todos os filósofos gregos da antiguidade. Ele foi enviado pelo Cristo, 350 anos antes de vir a Terra, para ensinar diversas lições de moral, preparando o caminho para a mensagem do Cristianismo. As ideias de Deus, da imortalidade da alma, da vida após a morte, da importância de fazer o bem, da responsabilidade pelos nossos atos, são também princípios do Espiritismo.

Nome:
Jesus de Nazaré
Nascimento:
8-4? a.C.
Lugar:
Belém - província romana da Judéia.
Desencarnação:
29-36? d.C.
Lugar:
Jerusalém - Judéia.
Ocupação na Terra:
Carpinteiro e rabino.
Ocupação Espiritual:
Coordenador da Terra.

Jesus anunciou a vinda do Consolador, do Espírito de Verdade, que haveria de ensinar todas as verdades espirituais e de lembrar o que ele dissera.

O Espiritismo é o Consolador Prometido. Ele veio realizar o que Jesus disse: conhecimento do mundo espiritual, fazendo com que o homem saiba quem é, de onde vem, para onde vai. Ele ainda vem lembrar a mensagem do Cristo em toda sua pureza.

O que ensinou Jesus?

Os ensinos de Jesus estão nos Evangelhos, onde se destaca o "Sermão da Montanha". São lições de conduta que ditam os princípios para conduzir ao bem, como ser humilde, misericordioso, manso, pacífico, justo e ter o coração puro.

Podem ser considerados como um resumo dos ensinamentos a respeito do acesso ao mundo espiritual.

As bem-aventuranças são:
1. Bem-aventurados os humildes;
2. Bem-aventurados os aflitos;
3. Bem-aventurados os mansos;
4. Bem-aventurados os que desejam um mundo justo;
5. Bem-aventurados os misericordiosos;
6. Bem-aventurados os de coração puro;
7. Bem-aventurados os pacificadores;
8. Bem-aventurados os inocentes;
9. Bem-aventurados os que seguem o bem, mesmo sendo perseguidos ou caluniados.

Jesus fez milagres?

O maior milagre que Jesus fez foi a revolução que seus ensinos de amor e perdão causaram nos homens. Essa mensagem é capaz de mudá-los, convertendo-os em seres de bem, transformando assim o mundo.

A moral espírita está baseada no Evangelho de Jesus, que é o exemplo de conduta moral a ser seguido.

"O Evangelho Segundo o Espiritismo" (1864)

O livro nos ajuda a compreender as lições de Jesus e aplicá-las no dia a dia.
A obra ensina o Cristianismo por meio de comentários sobre as principais mensagens de Jesus feitas por Allan Kardec e pelos Espíritos superiores.

Linha do Tempo E:

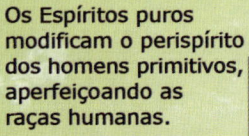

Existe uma comunidade de Espíritos puros, diretores dos planetas, e Jesus é um dos membros divinos. Esses Espíritos já se reuniram duas vezes:

Os Espíritos puros modificam o perispírito dos homens primitivos, aperfeiçoando as raças humanas.

Família indo-europeia
Dos árias descende a maioria dos povos brancos. Esses grupos carecem de afeição religiosa e ocupam as regiões da atual Europa.

Primeira reunião:
Aconteceu quando o planeta Terra se desprendia da nebulosa do Sol, para planificar o início da formação da vida material.

A raça negra e amarela são originárias do planeta.

O Cristo recebe quatros grupos de Espíritos rebeldes, exilados de um orbe da estrela Capela. Esses quatro grupos vão formar as bases das civilizações futuras.

As castas da Índia
Dos hindus descendem todos os povos arianos. Eles constituíram castas e deram início ao hinduísmo, mais tarde ao Budismo.

1280 a.C.
Monte Sinai, Egito.
A Primeira Revelação:
Moisés recebe "Os 10 Mandamentos".

30 d.C.
Israel
A Segunda Revelação:
Jesus ensina o Evangelho, as Bem-Aventuranças e materializa a Lei de Amor na Terra.

34 d.C.
Damasco, Síri[a]
Paulo converte[u] ao Cristianism[o] inicia a divulga[ção] da Doutrina no Ocidente.

O povo de Israel
Os hebreus foram a raça mais forte e mais homogênea, monoteísta e orgulhosa.

Segunda reunião:
Foi realizada para decidir a vinda de Jesus à Terra, com o objetivo de ensinar à humanidade a lição do seu Evangelho de amor sem limites.

24.000 a.C.
Médio Oriente
O Cristo reuniu os exilados nos planaltos do Irã, para orientá-los antes da reencarnação deles na Terra.

A civilização egípcia
Os egípcios são o povo mais evoluído de Capela.

450 a.C.
Atenas, Grécia.
Sócrates divulga os ensinos filosóficos, iniciando o caminho ao Cristianismo.

312 d.C.
Roma, Itália.
O imperador Constantino torna-se cristão. Anos depois o Cristianismo será a religião oficial do Impér[io] Romano.

4,6 bilhões de anos	4000 a.C.	476 d.C.
PRÉ-HISTÓRIA	IDADE ANTIGA	IDADE MÉDIA

1 a 4 milhões de anos a.C.

Ano 0

SURGIMENTO DO HOMEM NA TERRA

MAIORIDADE ESPIRITUAL DO PLANETA TERRA

...pírita

Datas das Três Revelações para o Ocidente:

1280 a.C.
Primeira Revelação
Monte Sinai, Egito (Moisés)

30 d.C.
Segunda Revelação
Israel (Jesus)

1857
Terceira Revelação
Paris, França (O Espiritismo)

1500
Estados Unidos.
O Cristo determina que a América será o cérebro da nova civilização e da cultura.

1848
Hydesville, Estados Unidos.
Fenômenos de pancadas acontecem na casa das Irmãs Fox. Servem de ponto de partida para o Espiritismo.

1850
França.
Os fenômenos das mesas girantes tornam-se populares na sociedade francesa.

1500
Brasil.
O Cristo encarrega ao anjo Ismael o território Brasileiro, destinado a ser o "Coração do Mundo e a Pátria do Evangelho".

1815
Yverdon.
Pestalozzi, o grande pedagogo suíço, torna-se professor do jovem Hippolyte Denizard, mais tarde conhecido como Allan Kardec.

1857
Paris, França
A Terceira Revelação:
Allan Kardec publica "O Livro dos Espíritos" e dá início ao Espiritismo.

1884
Rio de Janeiro (RJ).
É fundada a Federação Espírita Brasileira (FEB), por Augusto Elias da Silva.

1927
Feira de Santana (BA).
Encarna o médium e orador Divaldo Franco. Ele dedica a sua vida para a divulgação do Espiritismo no mundo.

1800
Europa.
O Cristo convoca guias espirituais de todo o planeta para dar início à Terceira Revelação.

1831
Riacho do Sangue.
Encarna Bezerra de Menezes, "O médico dos pobres", que implantaria o Espiritismo no Brasil.

1861
Barcelona, Espanha.
Em praça pública são queimados 300 livros espíritas, no chamado "Auto de Fé de Barcelona".

1910
Pedro Leopoldo (MG).
Encarna Chico Xavier, o maior médium espírita de todos os tempos. Psicografou mais de quatrocentos livros espíritas.

1982
Madrid, Espanha.
É fundado o Conselho Espírita Internacional, instituição resultante da reunião de entidades espíritas do mundo.

1453 d.C.

1789 d.C.

dias atuais

IDADE MODERNA

IDADE CONTEMPORÂNEA

(data desconhecida)

TERCEIRA REUNIÃO DE ESPÍRITOS PUROS
PARA DESIGNAR O FUTURO DA TERRA COMO MUNDO DE REGENERAÇÃO

Mapa Geográfico Espírita

Paris - 1857
A Terceira Revelaçã
Allan Kardec publica
Livro dos Espíritos" e
início ao Espiritismo.

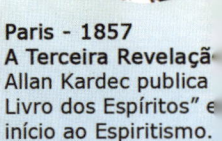

Madrid - 1982
É fundado o Conselho Espírita
Internacional, instituição
resultante da reunião de
entidades espíritas do mundo.

Barcelona - 1861
Em praça pública, são
queimados 300 livros
espíritas, no chamado
"Auto de Fé de Barcelon

Hydesville - 1848
Fenômenos de pancadas
acontecem na casa das Irmãs
Fox. Servem de ponto de
partida para o Espiritismo.

Riacho do Sangue - 1831
Encarna Bezerra de Menezes,
"O médico dos pobres", que
implantaria o Espiritismo no Brasil.

Estados Unidos - 1500
O Cristo determina que a
América será o cérebro da
nova civilização e da cultura.

Brasil - 1500
O Cristo encarrega ao
anjo Ismael o territóri
brasileiro, destinado a
ser o "Coração do Mun
e a Pátria do Evangelh

As Três Revelações para o Ocidente:

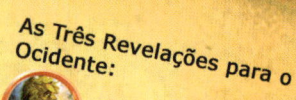

Primeira Revelação
Monte Sinai, Egito.
(Moisés)

Segunda Revelação
Israel.
(Jesus)

Terceira Revelação
Paris, França.
(O Espiritismo)

Rio de Janeiro - 1884
É fundada a Federação Espírita
Brasileira (FEB) por Augusto
Elias da Silva.

Europa- 1800
O Cristo convoca guias espirituais de todo o planeta para dar início à Terceira Revelação.

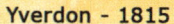

Yverdon - 1815
Pestalozzi, o grande pedagogo suíço, torna-se professor do jovem Hippolyte Denizard, mais tarde conhecido como Allan Kardec.

Asia
A raça amarela é originaira do planeta Terra.

...nça - 1850
...fenômenos das ...sas girantes ...nam-se populares ...sociedade francesa.

Grécia - 450 a.C.
Sócrates divulga os ensinos filosóficos, iniciando o caminho ao Cristianismo.

Damasco - 34 d.C.
Paulo converte-se ao Cristianismo e inicia a divulgação da Doutrina no ocidente.

Família indo-européia
Os indo-europeios carecem de afeição religiosa, trazendo de Capela uma revolta íntima. Ocupam as regiões da atual Europa.

Médio Oriente - 24.000 a.C.
O Cristo reuniu os exilados de Capela, nos planaltos do Irã, para orientá-los antes da sua reencarnação deles na Terra.

Roma - 312
O imperador Constantino, torna o Cristianismo religião oficial do Império Romano.

A civilização egípcia
Os egípcios são o povo mais evoluído de Capela. Eles tomaram esta região.

A Índia
Dos hindus, descendem todos os povos arianos. Eles constituíram castas e deram inicio ao Induismo, mais tarde ao Budismo.

O povo de Israel
Os hebreus foram a raça mais forte, mais homogênea, monoteísta e orgulhosa. Jesus a escolheu por ser o povo mais crente e necessitado.

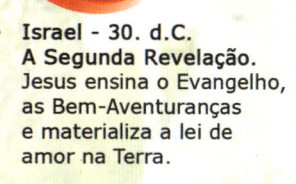

Egito - 1280 a.C.
A Primeira Revelação.
Moisés recebe "Os 10 Mandamentos" no Monte Sinai.

Israel - 30. d.C.
A Segunda Revelação.
Jesus ensina o Evangelho, as Bem-Aventuranças e materializa a lei de amor na Terra.

Feira de Santana - 1927
Encarna o médium e orador Divaldo Franco. Ele dedica a sua vida para a divulgação do Espiritismo no mundo.

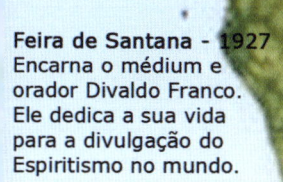

...edro Leopoldo (MG) - 1910
...ncarna Chico Xavier, o maior ...hédium espírita de todos os ...empos. Psicografou mais de ...uatrocentos livros espíritas.

África
A raça negra é originária do planeta.

Espíritos exilados de Capela
Os quatro grupos espirituais partem da região do Oriente Médio (Irã) e se deslocam para quatro regiões geográficas.

 ● A família indo-europeia

 ● A Índia

 ● A civilização egípcia

 ● O povo de Israel

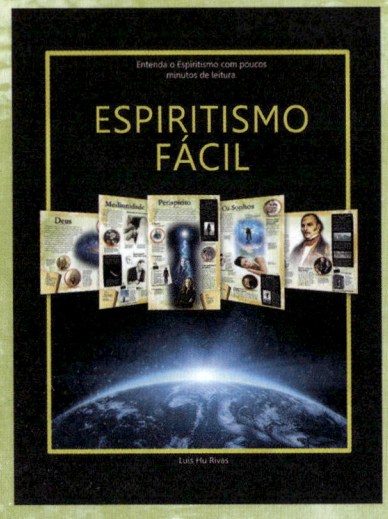

Espiritismo fácil

Entenda o espiritismo com poucos minutos de leitura. Podemos lembrar de vidas passadas? Existe a vida em outros planetas? Nos sonhos podemos ver o futuro? Como é a vida depois da morte? Onde está escrita a lei de Deus? Quais são as preces mais poderosas? Como afastar os maus Espíritos? Quem foi Chico Xavier? E Allan Kardec?

Reencarnação fácil

Existe a reencarnação? Quem eu fui em outra vida? Por que não nos lembramos do passado? Quantas vezes reencarnamos? Posso reencarnar como animal? A reencarnação está comprovada? Jesus falou que reencarnamos? O que é *karma*? Como explicar crianças com deficiências e crianças que são gênios? Podemos reencarnar em outros planetas? Até quando reencarnamos?

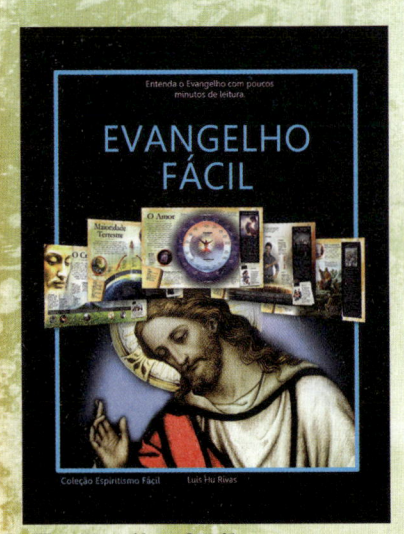

Evangelho fácil

O que é o Evangelho? O que ele ensina? Como o Evangelho pode melhorar minha vida? Quem são os Espíritos Puros? O que é o "reino dos céus"? Qual é a relação entre Cristo e espiritismo? Podemos ser anjos? Qual é a importância do amor, humildade e caridade? Quem é a "Besta do Apocalipse"? Quem foi Jesus? E quanto a Krishna, Buda, Sócrates, Confúcio?

Transição fácil

O que é a transição planetária? Qual é o futuro da Terra? Em 2050, inicia-se o mundo de regeneração? Chegarão seres de outros planetas? O estudo e o mapeamento da revelação de Chico Xavier, as profecias de Daniel e o Apocalipse de João Evangelista podem responder a essas perguntas.10 anos de pesquisa de Luis Hu Rivas, tudo em infográficos e mapas.

Mais informações sobre o autor:

www.luishu.com